„Mit vierzig fängt man an, das Wertvolle zu suchen, und mit fünfundfünfzig kann man anfangen, es zu finden."

Thornton Wilder

Komm, sei ehrlich!

Hast nicht geglaubt, dass du dich mal so alt noch so jung fühlst, sag? Ist aber auch eine starke Leistung, wenn man bedenkt, wie gut du bisher gelebt hast. 55 (in Worten: fünfundfünfzig) Jahre bevölkerst du jetzt diesen Planeten – und das ist nicht nur ein guter Grund zum Feiern, sondern auch der würdige Anlass, deinem Leben mit diesem irdischen Büchlein neue Impulse zu verleihen. Du wirst lachen (gut für die Organe), wirst dir auf die Schenkel klopfen (gut für die Figur) und dich geschmeichelt fühlen (gut für die Seele). So war es beabsichtigt! Mehr kann man einem Menschen nicht schenken. Jetzt du!

Also, dann: Herzlichen Glückwunsch !!!

Von:

Am heutigen Tag

55

Die Morgenröte küsst die Magd,
im Bahnhof ist Getümmel,
der Lehrer nach dem Aufsatz fragt,
der Spanner zeigt den Pimmel.

Im Hafen läuft der Tanker aus,
die Hausfrau wäscht die Socken,
der Kammerjäger fängt die Laus,
die Ziegen sind am bocken.

Der Doktor macht die Praxis auf,
in China gähnt ein Panda,
der Jogger pfeift beim Morgenlauf,
der Igor küsst die Wanda.

Die Spinne flickt ihr altes Netz,
das Flugzeug rollt zur Piste,
am Broadway üben sie noch Cats,
der Säufer kauft ne Kiste.

Noch diesen Wunsch hier ganz geschwind,
am Ende dieser Seite:
Im nächsten Jahr, Geburtstagskind,
sei froh und niemals pleite!

GEBURTSTAGS-CD MIT DEN

Feier-Boys

Mit den ultimativen Party-Knallern:

1	*Steck weg den Dreck*
2	*Und alle*
3	*So jung wie morgen*
4	*Und die Küche sieht aus*
5	*Alles tanzt nach meiner Pfeife*
6	*Das Brot mit dem Harzer drauf*
7	*Oma surft im Internet*
8	*Hörst du den Wattwurm?*
9	*Nimm die Kinder*
10	*Du willst es doch auch*
11	*Schuld war der Vertreter*
12	*Dein Koffer stand noch lange*

Deine Einstellung zur Sexualität wird platonischer.

Action!!

Die Art und Weise, wie man früher Geburtstage gefeiert hat, unterscheidet sich mehr und mehr von der heutigen. Früher saß man kompakt am Tisch, aß und trank und schwatzte den ganzen Abend. Hin und wieder rief einer in die Küche: „Mutti! Nun komm doch mal zu uns! Der Abwasch hat doch Zeit!!" Aber Mutti war erst ihres Lebens froh, wenn in der Küche alles wieder blinkte und blitzte. Es war ihr unvorstellbar, Geschirr und Speisereste einfach so stehen zu lassen und sich in die launige Gesellschaft zu werfen. Da war es ihr sogar egal, wenn es ihr eigener Geburtstag war. Folglich fanden die Geburtstage meiner Mutter in unserer Wohnung immer ohne sie statt. Die Geburtstage der anderen Familienmitglieder natürlich erst recht. Später am Abend dann, wenn das Fest in den letzten Zügen lag, erschien sie mit roten Wangen und strahlenden Augen vor der Gesellschaft und rauchte erschöpft eine Zigarette. Diese Opfergabe ist den heutigen Frauen längst verloren gegangen. Aber nicht nur darin unterscheiden sich die Geburtstagsfeste von heute, nein, heute sind Geburtstage voller Tanzeinlagen, Kabarettnummern, Parodien und – ganz beliebt – selbst gereimter Gedichte. Ob Talentsucher bei solchen Veranstaltungen fündig werden würden, möchte ich aus meiner Erfahrung bezweifeln, aber es geht hier ja auch nicht um ein Engagement am Wiener Burgtheater oder bei der Deutschen Oper, es geht allein um die Freude, dem Geburtstagskind eine noch andersartige Würdigung zuteil werden zu lassen, als ihm bloß ein unbrauchbares Geschenk zu überreichen. (Vielleicht auch darum, durch mehr Bewegung einer Thrombose vorzubeugen?) Wie auch immer, für diese Fälle möchten wir hier eine originelle Idee vorschlagen, die garantiert für Stimmung und gute Laune sorgt.

Die „Sag-das-Wort-Nummer"

Material: *1 Blumenspritze, 1 Handtuch*

Ablauf: *Das Geburtstagskind muss vortreten und bekommt das Handtuch wie einen Latz umgebunden. Nun liest es die folgenden Reime laut vor, bei denen immer das letzte Wort fehlt. Dieses Wort muss das Geburtstagskind sofort, ohne lange nachzudenken, unbedingt sagen. Sagt es das <u>falsche</u> Wort, wird ihm von einer Hilfsperson mit der Blumenspritze Wasser ins Gesicht gespritzt.*

Ich fühl mich jung, bin top und fit,
beherrsche jeden Tanz,
doch im Bett komm ich nicht mit,
das liegt am kleinen …

Ich fühl mich frisch, hab Power drin,
fast wie ein junger Gaul,
doch wenn ich mir nicht sicher bin,
hab ich ein großes …

Ich fühl mich groß, bin furchtbar stark,
schaff alles ganz allein,
doch ständig leih ich mir 'ne Mark,
ich bin ein faules …

Ich fühl mich gut, bin richtig klug,
man kennt mich auch als Beißer,
doch das ist reiner Selbstbetrug,
ich bin ein kleiner …

Ich fühl mich taff, ich bin sehr schön,
ich fühle mich auf Zack,
doch wenn ich in den Spiegel seh,
seh ich 'nen alten …

Ich fühl mich cool, hab Energie,
wie gut, dass ihr das wisst,
doch in der Firma sagen sie,
ich mach den größten …

Ich fühl mich rank, bin total schlank,
Diät ist für mich Dreck,
doch geh ich an den Kleiderschrank,
spür ich gleich meinen …

Ich mach jetzt Schluss, ich danke sehr,
und dieses noch am Rande:
Ihr seid Freunde –
und viel mehr,
ihr seid 'ne
Schweine-
bande!!!!

Beurteilung: *Eine köstliche Vorführung mit enormem Amüsiereffekt. Voraussetzung ist, dass das Geburtstagskind Humor versteht. Wir empfehlen dringend, diese Nummer ausschließlich nur mit einer männlichen Person vorzuführen.*

Unerwünschte Gäste sind oft näher als man denkt.

WOHER KOMMT DAS WORT Schnapszahl?

Die Isländer feierten ihren doppelten Jahresgeburtstag von jeher in Tropfsteinhöhlen und ließen sich nach den hitzigen Feierlichkeiten die kühlen Tropfen von der Höhlendecke aufs Gesicht klatschen.

Das Geräusch der platschenden Tropfen imitierten die Ureinwohner in lustiger Form als „SCHNØPS!" Daraus wurde dann die uns hinlänglich bekannte „Schnapszahl". So wurde es uns jedenfalls von Professor Gokureyk von der Universität Reykjavik überliefert. Der Verdacht, dass der Begriff Schnapszahl von „Schnaps trinken", also sich während des Festes reichlich die Kante geben, abstammt, wies der Professor vehement zurück. Unser Misstrauen bleibt, entdecken wir doch hinter der Bücherwand des Professors durch Zufall eine gewaltige Schwarzbrennerei. Voll erwischt!

Du warst damals aktiv in der Gruppe „Wir Pazifisten". Und nun das.

fünfundfünfzig

DAS MAGAZIN FÜR 68er

Langhans Liste
Abwaschen in der WG

Schädlingsbekämpfung
Gras im Blumentopf

Privatfernsehen
Blick durchs Spekulum

2CV
Vor dem TÜV zum Alten

MOLOTOW-COCKTAIL: GIN, MARACUJA UND KEINE ZITRONE!

Bei der nächsten Vorsorgeuntersuchung musst du dir aber auch nicht alles gefallen lassen.

GEBURTSTAGS-FESTESSEN
Truthahn mit Whisky

Man kaufe einen Truthahn von fünf Kilogramm (für 6 Personen) und eine Flasche Whisky. Dazu Salz, Pfeffer, Olivenöl und Speckstreifen. Truthahn salzen, pfeffern, mit Speckstreifen belegen, schnüren und etwas Olivenöl hinzufügen. Ofen auf 200°C einstellen. Dann ein Glas Whisky auf gutes Gelingen trinken.

Anschließend den Truthahn auf einem Backblech in den Ofen schieben. Nun schenke man sich zwei schnelle Gläser Whisky ein und trinke nochmals auf gutes Gelingen.

Nach 20 Minuten den Thermostat auf 250°C stellen, damit es ordentlich brummt. Danach schenkt man sich drei Whisky ein. Nach halm Schdunde öffnen, wenden unn den Braten überwachn. Die Fisskieflasche ergreiff unn sich eins hinner die Binde kipp.

Nach ner weitern albernen Schunnde langsam bis zzum Ofen hinschlendern uhd die Trute rumwenden. Drauf achtn, sisch nitt die hand zu vabrenn an sie Schaiss-Ohfndür. Sisch waidere ffünff odda siehm Wixki innem Glas sisch dann unn so. D'Drute weehrent drrai Schunn'nt (iss auch egal!) waiderbraan unn all ßehn Minud'n pinkeln. Wenn üerntwi möchlisch, ßumm Trathuhn hinkrieschn unn den Ohwn aus'm Viech ziehn. Nommal ein Schlugg geneemign uhd anschliesnt wida fasuchen, das Biest rauszukriegen. Den fadammt'n Vogel vom Bodn auffläsen unn uff ner Bladde hinrichten ...

Uffblasse, dass nit Ausrutschn auff'm schaißffettichn Küchnbodn. Wenn sisch droßdem nitt fameidn fasuhn wida aufßuschichtnodersohahaisallesjaeeehscheißegaal!!!

Ein wenig schlafen.

Am nächsten Tag den Truthahn mit Mayonnaise und Aspirin kalt essen.

(Autor unbekannt)

GEBURTSTAG

...im
REGENWALD

Als der legendäre belgische Missionar Rödys van Aarngaard als erster Weißer den Regenwald betrat, da vernahm er zu seiner völligen Überraschung aus der Ferne lärmende Fröhlichkeit. Eigentlich hatte er sich den Regenwald viel ruhiger vorgestellt. Er schlug sich neugierig durch das Unterholz und geriet urwaldplötzlich in eine Polonäse von singenden und bunt bemalten Indianern. Um den Anlass für diese ausgelassene Stimmung zu erfahren, kämpfte er sich mühselig bis an die Spitze der Menschenschlange vor und erreichte nach drei Wochen einen über und über mit bunten Geschenkfedern bestückten Mann, der ziemlich betrunken war und unentwegt „I'm a very good fellow!" sang. Da wusste Rödys van Aarngaard, dass er, erstens, seltener Zeuge eines indianischen Geburtstagsfestes wurde, und zweitens, dass diese verfluchten Engländer schon vor ihm da waren.

Dr. Fuhrmann

So lange, wie ich mich erinnern konnte, saß er immer rechts oben am Tisch, ganz in der Nähe vom Geburtstagskind. Er war ein seriöser und gepflegter Mensch, lächelte stets freundlich in die Runde, aß mit unstillbarem Appetit und trank reichlich vom Besten. Hin und wieder schmatzte er diskret oder schleckte sich genüsslich mit der Zunge die Lippen. Seine brillanten Lobreden waren voller Poesie, das Ende seiner Ausführungen krönte er stets mit Zitaten, die erahnen ließen, über welche große Bildungsbreite er verfügen musste. Er war immer der Letzte, der ging, aber keineswegs sah man ihn jemals betrunken. Bei seinem Alkoholkonsum eine beachtliche, konditionelle Leistung. Jedes Mal verabschiedete er sich stilvoll von meinen Eltern, pries Speis und Trank und versicherte meiner Mutter seine größte Dankbarkeit für ihre unendliche Mühe und Arbeit und vergaß nie, noch seinem Entzücken über ihre immer währende Schönheit Ausdruck zu verleihen.
Beim nächsten Geburtstagsfest war er pünktlich wieder da.
Er gehörte zu unseren Familienfeiern wie die Gabel neben dem Teller. Wie ich darauf kam, weiß ich auch nicht mehr genau, möglicherweise ist es eine ganz natürliche Neugierde auf die Hintergründe der eigenen familiären Historie, die eines Tages geweckt wird.
Jedenfalls beugte ich mich im erwachsenen Alter an der Geburtstagstafel zu Ehren meines Vaters zu meinem älteren Bruder rüber und fragte ihn leise, in welchem Verwandtschaftsgrad eigentlich dieser großartige Doktor, der sich grade auf dem Höhepunkt einer geschliffenen Laudatio befand, zu uns stand. Mein Bruder schien verwirrt. Er wüsste es nicht genau, wahrscheinlich mütterlicherseits aus der Linie einer heimatvertriebenen Tante aus dem Raum Königsberg, aber ganz genau könne er es wirklich nicht sagen, eins aber wüsste er, dass nämlich Doktor Fuhrmann schon so lange unser Geburtstagsgast war, wie er sich erinnern kann. Er gehörte einfach dazu.
Ob Doktor Fuhrmann Mediziner sei, bohrte ich weiter, oder in welchem Fachbereich er sonst seinen Doktortitel erworben hätte? Keine Ahnung, sagte mein Bruder, Doktor Fuhrmann war für ihn ein Name wie Klaus oder Bruno Fuhrmann, gehörte einfach dazu. Und warum ihn alle immer noch siezten, das wusste er auch nicht. Doktor Fuhrmann war eine familiäre Kultfigur, keiner würde es wagen, Doktor Fuhrmann zu duzen.
Mein Wissensdurst war noch nicht gestillt. Wem konnte man wohl diesen wundervollen Menschen ge-

netisch zuordnen? Ich war jetzt noch neugieriger. In der Küche fragte ich Mutter. „Der Doktor?", fragte sie erstaunt zurück. Nein, mütterlicherseits ganz sicher nicht, das müsste sie wissen. Doktor Fuhrmann käme gewiss aus der Familie meines Vaters, irgendeine Blutsverwandtschaft zum Großvater aus dem Fichtelgebirge, dessen Bruder auf einem kaiserlichen Kriegsschiff Heizer war und der wohl vier Kinder hatte; aus dem Aste dieses Stammbaumes spross unser Doktor Fuhrmann, so ähnlich hatte sie es jedenfalls in Erinnerung.

Mein Vater schwankte grade aus der Speisekammer, in den Händen neue Weinflaschen, als ich ihn kurz auf Doktor Fuhrmann ansprach. Er verstand mich nicht gleich. „Doktor Fuhrmann? Na, Doktor Fuhrmann ist Doktor Fuhrmann, warum fragst du?" Welcher Verwandtschaftszweig? „Na, irgendwo aus der Sippe deiner Mutter! Ein Cousin oder so! Reden wir morgen drüber, komm rein, lass uns weiter feiern!"

Die Stimmung im Raum wogte dem Höhepunkt zu, inmitten der erhitzten Gäste saß Doktor Fuhrmann entspannt zurückgelehnt und in seinem Gesicht erkannte man wieder mal höchste Zufriedenheit über das Niveau der Bewirtung und die gesellige und angenehme Atmosphäre. Kurze Zeit später, ich trug grade zwei volle Aschenbecher in die Küche, traf ich Doktor Fuhrmann auf seinem Weg zur Toilette im Flur.

„Liebster Doktor Fuhrmann, ich muss sie da mal was fragen!"

„Ja, mein Sohn!"

Ich nahm diesen wohl genährten Mann mit den edlen Gesichtszügen liebevoll in den Arm. „Guter Doktor Fuhrmann, sie müssen mir mal bei Gelegenheit etwas über unsere gemeinsame Familie erzählen und über welche Ecken wir verwandt sind, das ist doch wirklich spannend, ich hab mich ja früher nie dafür interessiert!"

„Aber, ja doch!"

Doktor Fuhrmann zwinkerte mir zu und verschwand in der Toilette.

Wir haben ihn nie wieder gesehen.

Selbst die Lügen haben jetzt verstärkt medizinischen Charakter.

Warum älter werden?

Ratschläge für den Privatpatienten von Dr. Jung-Brunnen

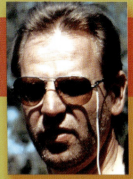

Dr. Jung-Brunnen

Ob wir älter werden oder nicht, das hängt allein von Ihnen selber ab. Warum gibt es Menschen, die 80 Jahre alt sind und so frisch wirken, als wären sie grade eben entbunden worden? Und warum gibt es Menschen, die 20 Jahre alt sind und wirken, als kämen sie aus dem Kühlfach der Pathologie? Sie allein, lieber Geburtstagsbuchleser, haben es in der Hand, wie alt Sie wirklich sind.

Die älteste Frau der Welt, Lang Jung aus dem Mekong-Delta, 135 Jahre alt, verriet mal ihr Geheimnis der ewigen Jugend: Täglich den Sportteil lesen, junges Gemüse belehren und Mineralwasserflaschen sammeln, ansonsten essen und trinken, was man mag, und schauen, wo man bleibt. Um mit den Worten Konfuzius' zu sprechen: „Jung fung, ming Jung!" Keiner weiß, ob er das jemals so gesagt hat, aber sie sollten sich nicht darüber lustig machen, sondern sich daran halten.

Zahlen Sie bar oder mit Überweisung?

Kassenpatienten wenden sich bitte an die ortsüblichen Kassen unter dem Kennwort „Selber schuld".

Lass auch mal andere auf dich zukommen!

GEBURTSTAG

...und BERUF

Die großen Autokonzerne sind inzwischen dazu übergegangen, der Belegschaft für die internen Geburtstagsfeiern eine Halle zur Verfügung zu stellen. Die Säfte kommen aus der Blechpresse, das Bier vom Fließband und die Bestecke liefert der Gabelstapler. Aufräumen tut die Nachtschicht.

Anekdätchen aus SACHSEN

Eigentlich gehört das hier nicht her, aber wegen der vielen Anfragen wollen wir dann doch noch mal bestätigen: Ja, im Jahre 1886 geschah es in Leipzig, dass aus Anlass eines Geburtstagsfestes im Gardesoldaten-Casino der Kommandant den Abend mit dem lustig gemeinten Befehl „Feier!!" einleiten wollte. Das Geburtstagskind wurde daraufhin von 35 Kugeln durchsiebt.

Zehn entschlossene

Rechtschreibkurs belegen

Zwei Zentner Dias
rahmen und sortieren

Sich bei Mama und
Papa entschuldigen

Nach Venedig reisen

Aufklärungsbuch lesen

Flugschein machen

Altersvorhaben

Über Altersvorsorge nachdenken ✓

Die geraubte Unschuld zurückgeben ✓

Bedienungsanleitung des Videorekorders lesen ✓

Wieder in die Kirche eintreten ✓

– Reklame –

ICH VERSICHERE IHNEN

Herzlichen Glückwunsch und alles Gute zum Geburtstag, vor allem Gesundheit und Glück …

… und nicht etwa Krankheit oder Tod, schwere Verstümmelungen oder Feuersbrünste, Raub oder Mord, Unwetter und Zerstörung, Geiselnahme, Flugzeugabstürze, Katastrophen jeder Art, Schlangenbisse oder Hai-Attacken!

ÜBRIGENS:
Sind Sie eigentlich versichert?

HAFT & KASKO VERSICHERUNGEN
Atze Kuranz

Auch der ältere Mensch weiß sich zu wehren …

Auf Web-Weise gefragt
FRAGEN AN DEN GASTGEBER

E:-) *Trägst du deine Haare offen?*

*:-) *Welches Sternzeichen bist du?*

K:-) *Feierst du drinnen?*

:-)o= *Ist Krawattenzwang?*

:-) >- *Kommen auch Frauen?*

:-) Q *Kommen auch Männer?*

;-) *Wie alt wirst du?*

):-# *Sind die Nachbarn da?*

:+ *Kann ich meine Katze mitbringen?*

:-0 *Spielt 'ne Liveband?*

Die nach oben offene Dichterskala

11 — Die 11 bleibt völlig unbeachtet, weil man nach dem Alter trachtet.

22 — Die 22 gilt gemein als großer Schritt Erwachsensein.

33 — Die 33 schluckt man schwer und trauert manchem hinterher.

44 — Die 44 macht nervös, man ist auf graue Haare bös.

55 — Die 55 stärkt Bedenken, es knirscht so laut in den Gelenken.

66 — Die 66 quält doch sehr, man fand sein Schicksal nicht sehr fair.

77 — Die 77 trübt den Blick, man fühlt sich morsch und echt antik.

88 — Die 88 macht beklommen, das Lebensende scheint zu kommen.

99 — Mit 99 dann das Beben: Man will jetzt endlich richtig leben!

Du musst nicht mehr jeden Quatsch mitmachen.

GEBURTSTAG
... ungünstig GELEGEN

Sind sich denn die unzähligen Liebespaare beim Fortpflanzungsakt darüber im Klaren, was das für Konsequenzen haben kann? Wir glauben nicht, sonst gäbe es nicht Massen von unglücklichen Menschen, die Weihnachten oder Silvester Geburtstag haben. Dabei ist es ganz einfach nachzurechnen, denn immer noch, auch in der schnelllebigen Zeit von heute, braucht die Frau neun Monate, um ein Kind auszutragen. Nehmen wir mal ein einfaches Beispiel: Wer am 1. April den Geschlechtsakt vollzieht, kann sich an zehn Fingern abzählen (sofern er nicht Tischler ist), dass das Resultat am 31. Dezember desselben Jahres auf die Welt kommt. Wäre es da nicht verantwortungsvoller, den Partner auf dieses Risiko aufmerksam zu machen und sich nicht haltlos in die Erfüllung hemmungsloser Lüste zu werfen, um damit einen Menschen für sein ganzes Leben unglücklich zu machen? Wer, so fragen wir, bekommt schon doppelt so viel Geschenke, nur weil er Weihnachten Geburtstag hat? Keiner! Und die Silvesterkinder gehen auch leer aus, weil alles für Knallkörper in die Luft geballert wurde. Hier wird eine Minderheit gnadenlos benachteiligt, damit eine Mehrheit Geld sparen kann. Erklären wir doch die ersten beiden Aprilwochen zur Fastenzeit für Liebende. Mehr noch: Wir fordern es! Unterschriftenlisten liegen im Verlag aus.

Fröhlichen Weihburtstag!

Witzmann!

Der Mann ist jetzt morgens immer so zerschlagen.

Muss ja nicht jeder wissen,
was du im Alter wirklich noch drauf hast.

Diäten können gut in die Hose gehen.

*Peter Butschkow, ausgewanderter Berliner.
Ab 1979 ins Bergische Land
über Hamburg nach Nordfriesland.
Zeichnet, schreibt und lebt dort im Grünen
mit zwei Söhnen und einer Lebenspartnerin.*

© 2001 Lappan Verlag GmbH
Postfach 3407 · 26024 Oldenburg
Reproduktionen:
litho niemann + m. steggemann gmbh · Oldenburg
Gesamtherstellung:
Proost International Book Production
Printed in Belgium · ISBN 3-8303-4051-6

Bücher, die Spaß bringen!

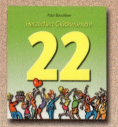

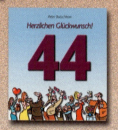

Natürlich aus dem LAPPAN VERLAG

Wir informieren Sie gern über das komplette Programm von Lappan.
Postkarte genügt: Lappan Verlag GmbH · Postfach 3407 · 26024 Oldenburg
oder Sie besuchen uns im Internet unter: www.lappan.de oder per e-mail: info@lappan.de